El Camino del Pequeño Zaid a la Oración del Salah

Un Libro para Niños sobre la Oración Islámica Ritualizada

POR THE SINCERE SEEKER KIDS COLLECTION

¡Salam Alaykum, amigo mío! Mi nombre es Zaid y tengo 10 años. Alhamdulillah, me enorgullezco de poder decir que rezo cinco veces al día a Alá. Pero te contaré un pequeño secreto. No comencé rezando 5 veces al día. Fue todo un proceso para llegar a donde estoy ahora. A lo largo del camino aprendí mucho y tengo que admitir que también luché un poco, no fue tan fácil como pensé. Pero valió la pena. ¡Ahora soy una mejor persona y me siento genial!

¡Te tengo algunas noticias! Quiero llevarte a dar un paseo por los recuerdos para ver el camino y el proceso que tomé para llegar a donde estoy ahora. Te prometo que te encantará y aprenderás mucho de él, como hice yo. ¡Y estarás emocionado y esperarás con ansias tus oraciones todos los días! ¡Ven conmigo! ¡Te veré en la siguiente página, donde nos lleva a cuando tenía siete años!

'Hijo, ven conmigo y siéntate', dijo mi padre. 'Ahora que tienes la edad suficiente, es hora de aprender sobre una de las cosas más importantes que aprenderás y harás', agregó mi padre.

'¡Vaya, eso suena bastante serio, papá, estoy listo para escuchar!', Le respondí a mi padre.

'Hijo, somos musulmanes, creemos y adoramos a Alá, nuestro Creador, tu Creador y el mío, el Creador de todo este mundo y todo lo que hay en él. Una de las formas más importantes de adorar a Alá es rezarle todos los días, cinco veces al día. Orar a Dios es el segundo pilar del Islam. Rezar a Alá se llama "*Salah*" en árabe y significa "*conexión*". ¿Puedes adivinar por qué, Zaid?' preguntó mi padre.

'Hmm ... ¿es porque, en el Salah, nos conectamos con Alá?"

'¡Es correcto, hijo!', Respondió mi padre, dándome palmaditas en la cabeza.

'El Salah es nuestra forma de conectarnos con Alá durante todo el día, para que podamos construir y tener una buena relación con el Único, nuestro creador, ¡el Único, que nos ama tanto! Cuando oramos, le pedimos a Alá que nos guíe para mostrarnos el camino para vivir una buena vida en este mundo y acercarnos más a Él para que podamos estar con Él en el siguiente mundo', dijo mi Padre.

'Zaid, tengo una sorpresa para ti mañana, iremos a un lugar muy especial', dijo mi padre.

Inmediatamente me puse de pie. '¿A dónde? ¿A dónde vamos, Papá?, Le pregunté con mucho entusiasmo.

'Lo descubrirás mañana, Zaid,' dijo mi padre.

'Zaid, ven, hoy es viernes y vamos a ese lugar especial del que te hablé ayer', dijo mi padre.

Bajé corriendo las escaleras, '¡Listo, listo!', Grité.

'Antes de irnos, tengo para ti un regalo sorpresa, Zaid.'

'¿Dos sorpresas en un día?' Pregunté, tratando de contener mi emoción'

'Así es hijo, te dije que hoy iba a ser un día especial para ti. Adelante, abre tu regalo, hijo.'

Abrí el regalo, era una hermosa prenda blanca que llegaba hasta los tobillos.

'Esto se llama un "Thaub". Pruébatelo y salgamos,' dijo mi padre.

Me lo probé y me subí a nuestra camioneta familiar azul y me abroché el cinturón mientras conducíamos durante unos diez minutos más o menos, luego mi padre anunció, '¡Llegamos!'

Miré a mi alrededor y noté que muchas personas estacionaban sus autos y entraban a este edificio hermoso y blanco con una cúpula verde en la parte superior. Muchos de ellos usaban Thaub, al igual que mi papá y yo. Mientras entramos en este edificio blanco, entramos al área de oración, que tenía una alfombra roja impresionante alrededor y líneas formadas una tras otra. Había mucha gente, algunos orando y otros sentados.

'Esto se llama Mezquita, o Masjid en Árabe, hijo', dijo mi padre. 'Esta es una de las muchas casas de Alá. Los musulmanes vienen para rezarle todos los días a Alá, especialmente los viernes, el día bendito de la semana', dijo mi padre. 'Ahora, antes de orar, tenemos que hacer la ablución, llamado Wudu en Árabe', agregó mi padre.

'¿Qué es eso?' Le pregunté a mi padre con confusión.

'Wudu es lo que realizan los musulmanes antes de rezar. Un musulmán debe limpiarse y purificarse lavándose las manos, la cara, los brazos, la cabeza y los pies. Es importante que un musulmán se limpie, tenga ropa limpia y un área limpia donde rezar. Ahora, entremos al área de lavado, puedes verme realizar el Wudu e imitar lo que hago, hijo,' dijo mi padre.

لا إله إلا الله محمد رسول الله

Después de limpiarnos, entramos al área de oración. Los viernes, hay un sermón que el Imam, la persona que nos guía en la oración, da antes de que oremos.

'El sermón comenzará en 2 minutos, siéntate, hijo,' dijo mi Padre.

Mientras mi papá y yo nos sentamos, alguien se levantó, ajustó el micrófono y anunció el Adhan, el canto islámico o el llamado a la oración que se da antes de la oración para llamar a la gente a orar. El sermón del Imam fue sobre la importancia de Salah y por qué realizamos el Salah.

'Adoramos a Alá porque merece ser adorado por quien es Él. Él es el Único que tiene el control total de todo. Él es Todopoderoso, Sabio, Lo sabe todo, Lo escucha todo. También lo adoramos para agradecerle por crearnos y proporcionarnos todo lo que tenemos.' Dijo nuestro Imam.

Después del sermón, todos oramos juntos como grupo después del Imam. Oramos en dirección a La Meca, donde se encuentra la Santa Casa de Dios, conocida como Kaaba.

Los musulmanes en todo el mundo miran en esta dirección, que fue la primera casa que se construyó en la Tierra para la adoración del Dios Único. Por supuesto, no adoramos a Kaaba, solo usamos esta Santa Casa como una dirección a mirar mientras adoramos al Dios Único. Las oraciones solo están dirigidas a Dios, nuestro Creador.

Después de que terminamos de orar, nos dirigimos a casa.

'Papá, eso fue hermoso, me encantó, la Casa de Alá es tan hermosa y pacífica que no puedo esperar a volver' le dije a mi padre.

'¡Verás más de la casa de Alá, inshAlá!' Dijo mi padre mientras conducíamos a casa.

Cuando llegamos a casa, vi a mi hermana mayor y a mi mamá orando juntas en la sala. Cuando terminaron, mi hermana mayor Zara me dijo que quería enseñarme algo. Dijo que quería repasar los movimientos del Salah.

'Salah no es simplemente orar o suplicar a Dios con solo decir lo que pensamos, más bien, requiere ciertos dichos y movimientos que aprendimos de nuestro último Profeta, Mahoma, la paz esté con él. Se nos ordenó orar, tal como nos enseñó el Profeta Muhammad.' dijo Zara.

Ella me mostró cómo la oración comienza con 'Aláu Akbar', que se traduce a 'Dios es el Más Grande (de todo)', y demostró cómo la oración implica la recitación de versículos del Sagrado Corán, así como alabanzas y súplicas a Dios, todo de pie, inclinándose y postrándose ante Él.

'Asegúrate de hacer muchas dua (súplicas) a Alá cuando estés postrado (sujood) porque somos los más cercanos a Alá cuando estamos en esa posición', dijo Zara.

'¡Así que, siéntete libre de pedirle a Alá el Paraíso y cualquier otra cosa que quieras en el más allá y en este mundo!', agregó. 'Deberías orar, Zaid, como lo hacen los cientos de millones de personas en todo el mundo', dijo mi hermana.

Cuando terminamos, le di un abrazo por enseñarme a orar y me preparé para el almuerzo.

Al día siguiente, un sábado por la mañana, mi madre toco mi puerta.

'Es hora de despertar, hijo, es hora de prepararse para tu Escuela Islámica de Fin de Semana,' dijo mi Madre.

Cuando llegué a la clase, mi maestra anunció, 'Hoy aprenderemos sobre Salah, oremos a Alá, el que nos creó. Alá nos creó para que podamos adorarlo. Lo adoramos rezando nuestras oraciones del Salah y haciendo cosas que le agradan, como ser buenos con nuestros padres y ayudar a los demás', agregó mi maestro.

'¿Quién puede decirme cuántas veces rezan los musulmanes en un día?' Preguntó mi maestro.

Mi amigo, Omar, levantó la mano y respondió '6 veces al día'.

'No, pero cerca,' respondió mi maestro.

Entonces recordé a mi padre repasar esto conmigo en nuestro viaje de regreso de la Mezquita el viernes, así que levanté mi mano lo más alto que pude.

'Sí, Zaid,' dijo mi maestro mientras me señalaba.

'Los musulmanes rezan cinco veces al día,' dije.

'¡Es correcto, Zaid, excelente!' respondió mi maestro con una sonrisa en el rostro.

'La tarea de hoy será averiguar cuándo se realizan las cinco oraciones al día y anotarlas, y necesitaré alguien valiente que se levante y presente las horas de las cinco oraciones diarias a toda la clase,' dijo nuestro maestro.

Riiiiiiiiing, sonó el timbre y las clases terminaron.

Cuando llegué a casa, corrí a la cocina para darle un abrazo a mi madre, que estaba preparando el almuerzo.

'¿Cómo estuvo la escuela, Zaid?' preguntó mi Madre.

'Fue interesante, mamá', le respondí. "Nuestra tarea es averiguar cuándo los musulmanes rezan las cinco oraciones diarias. ¿Puedes ayudarme?'

'Por supuesto, Zaid,' respondió mi madre mientras revolvía el arroz.

'La primera es la **Oración Fajr**, que se reza desde el amanecer hasta justo antes del amanecer.

La segunda es la **Oración Zuhr**, que se reza poco después del mediodía (cuando el sol pasa por el punto medio en el cielo).

La tercera es la **Oración Asr**, que se reza durante la tarde (a mitad entre el mediodía y la puesta del sol).

La cuarta es la **Oración Magreb**, que se reza exactamente después de la puesta del sol.

La quinta es la **Oración Isha**, que se reza en la tarde, durante la noche oscura (aproximadamente una hora y media después de la puesta del sol)'.

'Wow, mamá, eso es de gran ayuda', dije. '¡Ahora necesito que lo repitas, para que pueda escribirlos, memorizarlos y colgarlos en mi pared!', agregué.

'Claro, Zaid', respondió mi madre. 'Pero antes de que agarres tu cuaderno, necesito decirte una cosa más', dijo mi madre mientras sazonaba nuestro delicioso pollo con sal y pimienta.

'Para un musulmán, cuando llega la hora de la oración, se espera que deje de hacer lo que está haciendo para rezar y conectarse con Alá, que está muy cerca de nosotros. No lo vemos a Él, pero Él nos ve y nos escucha. ¡Rezar a Alá es por nuestro propio bien y nos beneficia en la otra vida y también en este mundo! Un musulmán se aparta temporalmente de cualquier actividad que esté haciendo, ya sea cocinar, dormir o jugar y reza a Alá. Necesita hacer todo lo posible para concentrarse durante la oración del Salah y no dejar que nada lo distraiga; todo musulmán debe trabajar y practicar para mejorar su oración; es una práctica de toda la vida, ¿me entiendes, Zaid?', preguntó mi madre.

'Sí, pero suena un poco difícil', respondí.

'Puede que sea un poco difícil al principio, pero se vuelve fácil, Zaid. ¡Orar a Dios es una gran bendición y un regalo que Dios nos ha dado!', Dijo mi madre.

Sonreí y corrí a tomar mi cuaderno de mi mochila.

Mis padres, mi hermana y yo visitamos a mi tío Nabeel que está enfermo en el hospital.

'¿Cómo te sientes, tío Nabeel?' Le pregunté a mi tío.

'Me siento mucho mejor, Zaid. Por favor, mantenme en tu dua y pídele a Alá que me devuelva la salud,' respondió mi tío.

'Te tendré en mi dua cuando esté en oración y fuera de mis oraciones,' dije.

'Es hora de que descanse el tío Nabeel,' dijo el médico mientras entraba.

Besé a mi tío en la frente y nos dirigimos a casa.

Al día siguiente, mi padre me dejó en la casa de mi mejor amigo Omar. Omar tiene una pelota de fútbol y un patio trasero enorme donde solemos jugar al fútbol. Después de jugar, subimos a su habitación.

'¿Qué es esto?' Le pregunté a mi amigo Omar.

'Es un libro que me dio mi abuelo,' respondió Omar.

'¿De qué se trata y qué aprendiste?' Le pregunté a Omar.

'Se trata del Salah, rezar a Alá. El libro me enseñó que el Salah sería lo primero que Alá nos preguntará y juzgará en el Día del Juicio, Zaid. Si nuestra oración está en orden, entonces todo lo demás estará bien,' agregó Omar.

'Wow, no lo sabía,' respondí.

'Ahora que es el momento de la oración Asr, oremos juntos, Zaid', dijo Omar. Quizás después podamos jugar algunos videojuegos antes de la cena,' agregó Omar.

'Suena como un buen plan,' respondí.

Después de jugar videojuegos, empezó a oscurecer y me estaba dando un poco de hambre.

'Zaid, vamos a cenar, luego recemos Majrib con mi papá,' dijo Omar.

Nos sentamos en el comedor con los padres de Omar frente a una deliciosa comida y bebidas. Después de que terminamos de comer, llegó el momento de orar juntos.

'La oración es tan sagrada que no se permite comer, beber o hablar cuando se reza. ¿Sabían eso, Zaid y Omar?' Nos preguntó el padre de Omar.

'Sí,' ambos respondimos. 'Lo aprendimos en clase con nuestro maestro,' ambos dijimos.

Luego llego mi padre y me llevó a casa.

A la mañana siguiente, mi padre me preguntó: 'Zaid, ¿quieres salir a correr conmigo? Estaré trotando alrededor del lago', agregó mi padre.

'Claro, papá, déjame ponerme mis zapatos para correr y te veré afuera,' respondí.

Mi papá ha corrido durante años, por lo que estaba unos pasos por delante de mí.

'Más despacio, papá,' grité.

Mi papá sonrió mientras bajaba la velocidad por mí.

'Zaid, mira todas las hermosas creaciones de Alá. SubhanAlá, mira todas las ranas de ojos saltones, lindos patos blancos y tortugas verdes de caparazón duro a nuestro alrededor. Alá es tan asombroso, Él creó todos estos hermosos animales,' agregó mi padre.

Me detuve para recuperar el aliento, dije *Bismillah* y tomé tres sorbos de agua, luego continué trotando con mi papá.

Dos años más tarde. Me di cuenta de que pasé de orar una vez al día a los 7 años a orar dos o tres veces al día a los 8 y 9 años. Seguí practicando y practicando. No fue fácil, tenía que dormirme temprano, para poder levantarme temprano para rezar el Fajr. Tampoco fue fácil concentrarse, especialmente para la Oración Fajr, ya que era muy temprano en la mañana. Pero seguí recordándome a mí mismo que estoy haciendo todo esto por Alá para que Él pueda estar complacido y feliz conmigo y para que yo pueda ser una mejor persona.

El Salah es como una dieta espiritual. Así como el cuerpo necesita comida y agua durante todo el día para estar sano, nuestro espíritu necesita el Salah, el recuerdo de Alá y la adoración a Alá para mantenerse espiritualmente sano. También me seguía recordando a mí mismo que no importa lo difícil que se ponga el Salah, al final, el proceso vale la pena porque me llevará al Paraíso, donde viviré por siempre y desearé todo lo que quiera.

Un año después, ¡aquí estoy! 10 años y Alhamdulillah, puedo decir que rezo 5 veces al día, ¡todos los días! Incluso rezo en la Casa de Alá en nuestra mezquita local en mi ciudad todas las semanas e inshAlá, pronto estaré rezando allí todos los días. Me siento genial. Nada mejor que conectarse con Alá durante todo el día. Noté que mis oraciones me habían transformado en una mejor persona. Mi actitud, comportamiento, mentalidad, pensamientos y prioridades se han alineado con lo que realmente importa en mi vida.

Hago lo posible por no ser perezoso y no saltarme mis oraciones porque cada vez que alguien se salta sus oraciones, verá las consecuencias de sentirse distante de Alá, lo que nadie quiere. Puede hacer que alguien aumente sus pecados y haga cosas malas. ¡El Salah es mi guardia de todo eso y mi guardia de Shaytan (el diablo) que susurra malos pensamientos en los oídos de la gente!

'Zaid, despierta,' dijo mi abuelo, despertándome en medio de la noche.

'Hola, abuelo,' respondí mientras trataba de abrir ambos ojos.

'Estoy a punto de rezar; ¿Quieres acompañarme? Esta es una oración especial llamada *'tahajjud'* que Alá ama mucho,' agregó mi abuelo.

'Claro,' respondí mientras me levantaba y caminaba hacia el baño para mi wudu.

Luego me alineo con mi abuelo mientras me guía en oración. Oramos durante unos 10 minutos; luego le di las gracias a mi abuelo por despertarme y me volví a meter a la cama.

Me sentí muy cerca de Alá mientras le rezaba en medio de la noche. Me sentí honrado de que Alá me permitiera orarle en medio de la noche, sabiendo que no es fácil.

Alá lo tiene todo y no necesita nuestra adoración ni nuestras oraciones. Oramos para beneficiarnos y ayudarnos a nosotros mismos. Dios hizo que adorarlo a Él y recordarlo a Él fuera beneficioso para nosotros, ¡así que debemos orar y recordarlo a Él todo el tiempo!

Gracias por acompañarme, y espero que se hayan divertido tanto como yo en mi memoria. Espero que hayas aprendido un par de cosas y uses este conocimiento para conectarte con tu Creador.

Recuerda, aprecia tu Salah porque Salah es un gran regalo que Alá nos ha dado a ti y a mí.

Salam Alaykum, amigo mío!

Fin.

www.ingramcontent.com/pod-product-compliance
Lightning Source LLC
Chambersburg PA
CBHW061106070526
44579CB00011B/157